Maria-Regina und Michael Altmeyer

Ich schenk' dir eine Blume!

Fensterbilder, Figuren, Karten, Mobiles

frechverlag

Von Maria-Regina und Michael Altmeyer sind im frechverlag viele weitere Bücher erschienen. Hier eine Auswahl:

TOPP 2457

TOPP 2228

TOPP 2185

TOPP 2414

TOPP 2282

TOPP 2150

Fotos: frechverlag GmbH + Co. Druck KG, 70499 Stuttgart;
Fotostudio Ullrich & Co., Renningen

Dieses Buch enthält:
1 Vorlagenbogen

Auflage: 5. 4. 3. 2. 1. | Letzte Zahlen
Jahr: 2004 2003 2002 2001 99 | maßgebend

ISBN 3-7724-2438-4 · Best.-Nr. 2438
Druck: frechverlag GmbH + Co. Druck KG, 70499 Stuttgart

Lasst Blumen sprechen ...

... denken sich die Kinder im vorliegenden Buch und präsentieren Ihnen eine reiche Auswahl an dekorativem und geschmackvollem Blumenschmuck für Ihr Heim. Jede Jahreszeit ist mit mindestens einem Motiv vertreten: Zum Frühlingsbeginn passt das Mädchen mit den Schlüsselblumen, der Sommer wird von Kindern mit Margeriten und Glockenblumen begleitet, das Winterkind mit den Schneeglöckchen läutet die kalte Jahreszeit ein.

Viele der Blumen, die die Kinder in Händen halten, sind plastisch gearbeitet. Aus Naturpapier entstehen so hübsche Veilchen, Margeriten und Schlüsselblumen im Miniaturformat, die in Ihrer Wohnung, am Fenster oder als Tisch- und Wandschmuck einen attraktiven Blickfang bilden.

Ganz gleich, ob Sie die kleinen Blumenträger ins Fenster hängen oder in ein Nest aus Heu oder Stroh setzen, sie werden ihre Wirkung nicht verfehlen und für Aufmerksamkeit sorgen. Und wenn Sie mit den Motiven Ihre Geburtstagsgrüße schmücken oder ein wunderschönes Blumenkinder-Mobile dazu legen, bereiten Sie den Beschenkten zusätzliche Freude.

Viel Spaß mit unseren Blumenkindern wünschen Ihnen
Maria-Regina & Michael Altmeyer

Arbeitshinweise

Die für die einzelnen Blumenkinder benötigten Materialien sind den entsprechenden Motivbeschreibungen jeweils als detaillierte Liste vorangestellt.

Außerdem benötigen Sie zum Anfertigen von Schablonen zusätzlich Transparent- oder Architektenpapier; auch normales Butterbrotpapier können Sie dazu verwenden. Beim Arbeiten mit dem Cutter sollten Sie unbedingt eine Schneideunterlage aus Hartgummi oder dicken, festen Karton unterlegen. Die speziellen Hartgummimatten, die im Fachhandel erhältlich sind, schützen nicht nur Ihren Arbeitstisch vor Beschädigungen, sondern erleichtern auch das Ausschneiden, da sich die Einschnitte darauf wieder schließen und keine Unebenheiten zurücklassen.

Folgendes Material und Werkzeug wird benötigt

* *Tonkarton und geprägter Tonkarton in den angegebenen Farben*
* *Naturpapier, gelb, blau und weiß*
* *Seidenpapier oder Bastelkrepp (Reste), gelb*
* *Schreibpapier, weiß*
* *Wollreste, beige*
* *Transparent-, Architekten- oder Butterbrotpapier und fester Karton zum Abpausen und Übertragen der Motive vom Vorlagenbogen*
* *Fester Karton für die Schablonen*
* *Zwirn oder Garn zum Aufhängen der Fensterbilder*
* *Rundhölzer, 6 mm und 8 mm ø*
* *Holzkugeln mit einseitiger Bohrung, 2 cm und 2,5 cm (ø der Bohrung 6 mm bzw. 8 mm)*
* *Satinband, Karoband, Schleifenband*
* *Pralinenschachtel in Herzform*
* *Schneidewerkzeuge: mittelgroße, spitze Schere (Papierschere); Nagelschere; Cutter, Lochzange; Büttenrandschere*
* *dünne Nadel*
* *Schneideunterlage*
* *Klebstoff (Alleskleber); Heißkleber*
* *Bleistift (Stärke HB)*
* *(Metall-)Lineal, Geo-Dreieck*
* *Farben: Bastelfarben, schwarzer Filzstift, Creme-Rouge*
* *Unterlage zum Schutz des Arbeitstisches vor Klebstoffresten*

Und so wird's gemacht

Für die einzelnen Motive werden zunächst Schablonen gearbeitet. Legen Sie dazu Transparent- oder Architektenpapier auf das gewünschte Muster des Vorlagenbogens und zeichnen Sie die einzelnen Teile mit einem spitzen, nicht zu harten Bleistift nach. Anschließend wird das Transparentpapier mit der abgepausten Zeichnung auf ein Stück festen Karton (Tonkarton) gelegt bzw. geklebt und an den Bleistiftlinien exakt ausgeschnitten. Somit erhalten Sie eine Schablone.

Die Kartonschablone legen Sie so auf den Tonkarton, dass sie nicht verrutschen kann, und umfahren die Umrisskanten sorgfältig mit einem Bleistift. Auf dunklem Untergrund hebt sich der Bleistiftstrich nicht genügend ab; hier sollten Sie für das Umfahren einen weißen Farb- oder Kreidestift benutzen.

Dann können die Motivteile ausgeschnitten werden. Bei geraden Linien setzen Sie einen Cutter ein. Das Cuttermesser halten Sie dabei wie einen Bleistift in der Hand. Nützlich ist hierbei ein Metall-Lineal. Richten Sie das Lineal an der auszuschneidenden Linie aus und ziehen Sie den Cutter mit leichtem Druck daran entlang (Schneideunterlage nicht vergessen!). Stumpfe Klingen rechtzeitig auswechseln. Bei Rundungen, Aussparungen und sehr kleinen Details ist die leicht gekrümmte Nagelschere hilfreich.

Die Blumenkinder sollen an Ihrem Fenster sowohl von vorn als auch hinten schön aussehen, daher werden sie beidseitig ausgearbeitet. Die entsprechenden Teile doppelt ausschneiden und der jeweiligen Reihenfolge nach auf Vorder- und Rückseite fixieren. Dabei daran denken, dass die Teile der Rückseite spiegelverkehrt aufgeklebt werden müssen. Die doppelt benötigten Teile werden statt aus Tonkarton aus geprägtem Tonkarton gearbeitet. Dieser Karton ist etwas stabiler als Tonpapier.

Zum Verkleben der Einzelteile können Sie normalen Alleskleber verwenden. Vor dem Verkleben sollten Sie alle Teile des Motivs entsprechend der Vorlage anordnen und dann der Reihe nach miteinander verkleben.

Die Gesichter gestalten Sie mit einem schwarzen Filzstift und Bastelfarben; die Wangen reiben Sie mit Creme-Rouge auf. Zum Schluss mit einer dünnen Nadel ein Aufhängeloch ins Fensterbild stechen, Garn oder Zwirn hindurchziehen und das Blumenkind aufhängen.

Mädchen mit Schlüsselblume

Material:

- *Tonkarton, hautfarben (chamois) und dunkelgrün*
- *Tonkarton (geprägt), rosa, hellblau und schwarz*
- *Naturpapier, gelb*
- *Wollrest, beige*
- *Creme-Rouge*

Mädchen: Den Körper des kleinen Mädchens arbeiten Sie aus hautfarbenem Tonkarton. Die beiden Teile der Kopfhaube je einmal aus geprägtem Tonkarton zuschneiden, ebenso Vorder- und Hinterteil des Kragens. Kleid und Schuhe benötigen Sie jeweils doppelt aus geprägtem Karton.

Fixieren Sie zu Beginn die Schuhe und das Kleid beidseitig am Körper. Danach wird der zweigeteilte Kragen befestigt, dabei das geschwungene Teil vorne aufsetzen. Die Haare bestehen aus beigefarbenen Wollfäden, die zunächst unter die beiden Kopfhaubenteile geklebt werden; beim Vorderteil fixieren Sie ca. 1,5 cm lange Fäden, hinten wählen Sie ca. 5 cm lange Wollfäden. Anschließend die Haube vorn und hinten aufkleben. Nun wird das Gesicht gestaltet: Augen, Nasen- und Mundlinie mit einem schwarzen Filzstift aufmalen. Die rosigen Wangen des Blumenmädchens erhalten Sie, wenn Sie etwas Creme-Rouge kreisförmig auf dem Karton verreiben.

Schlüsselblumen: Der Strauß, den das Mädchen in den Händen hält, besteht aus drei Schlüsselblumen und zwei großen Blättern. Die Stängel je doppelt aus Tonkarton ausschneiden und aufeinander kleben, dabei das obere Ende mit den Kelchblättern offen lassen. Aus dem gelben Naturpapier die Grundform der Blüten zuschneiden, das Papier leicht rollen und zusammenkleben. Die Blüten in den Stängelenden fixieren. Nun werden die drei Schlüsselblumen zu einem Strauß arrangiert und an einer Stelle (etwa in Stängelmitte) mit etwas Klebstoff fixiert. Die beiden Blätter aus Tonkarton wölben Sie leicht nach außen, geben einen Tropfen Klebstoff auf den unteren Blattrand und befestigen sie ebenfalls an den Blumenstängeln.

Zuletzt geben Sie dem Mädchen den Strauß gelber Schlüsselblumen in die Hände. Dazu rollen Sie die Mädchenarme mit Hilfe eines Rundholzes oder eines Bleistifts nach innen, legen den Strauß zwischen die Handflächen und fixieren ihn mit etwas Klebstoff. Alternativ können Sie die Mädchenarme auch an den gestrichelten Linien nach vorne knicken.

Motivhöhe
ca. 24 cm

Magst du Veilchen?

(Anleitung Seite 10)

Frisch gepflückt

(Anleitung Seite 11)

Magst du Veilchen?

(Abbildung Seite 8)

Material:
- *Tonkarton, hautfarben (chamois) und dunkelgrün*
- *Tonkarton (geprägt), blau, hellbraun, dunkelbraun, lila, schwarz und weiß*
- *Seidenpapier oder Bastelkrepp (Rest), gelb*
- *Bastelfarbe, hellblau und weiß*
- *Creme-Rouge*
- *Karoband, blau, 5 mm breit, 35 cm*
- *Satinband, hellblau, 3 mm breit, 35 cm*

Junge: Den Körper des Jungen einmal aus hautfarbenem Tonkarton zuschneiden. Das vordere und das hintere Haarteil werden jeweils einmal, die Schuhe viermal, alle übrigen Teile doppelt aus geprägtem Tonkarton ausgeschnitten.

Zuerst kleben Sie vorn und hinten das braune Haar auf den Kopf des Jungen. Dann werden die Schuhe fixiert und auf der Vorderseite mit den Sohlen ergänzt.
Anschließend beidseitig die Hose platzieren. Bevor Sie nun das Hemd befestigen, malen Sie mit einem dünnen Pinsel und hellblauer Bastelfarbe zunächst das Karomuster auf. Augen, Nase und Mund werden mit einem schwarzen Filzstift aufgezeichnet; in die Augen setzen Sie mit der Pinselspitze noch jeweils einen weißen Reflexpunkt. Mit etwas Creme-Rouge reiben Sie die roten Wangen auf. Zuletzt werden die Arme des Jungen an den gestrichelten Linien gefalzt und nach vorn geknickt.

Veilchen: Die Blumenstängel jeweils doppelt aus Tonkarton ausschneiden und aufeinander kleben, das obere Ende mit den Kelchblättern lassen Sie offen. Anschließend werden aus geprägtem Tonkarton die Blüten angefertigt und in die Kelchblätter eingeklebt. Die Blütenmitten arbeiten Sie aus gelbem Seidenpapier oder einem Rest Bastelkrepp; das Papier wird dafür zu kleinen Kügelchen gerollt und in die Blüten gesetzt.

Zuletzt geben Sie dem Jungen den Veilchenstrauß in die Hand. Dazu werden drei Veilchen zusammen mit drei Blättern aus grünem Tonkarton zu einem Strauß arrangiert und zwischen die Handflächen des sitzenden Jungen geklebt. Unterhalb der Hände binden Sie zur Zierde noch eine Schleife aus blauem Karo- und Satinband um die Blumenstängel.

Frisch gepflückt

(Abbildung Seite 9)

Material:
- *Tonkarton, hautfarben (chamois) und dunkelgrün*
- *Tonkarton (geprägt), gelb, rot, blau, braun und weiß*
- *Wollrest, beige*
- *Creme-Rouge*

Junge: Der Körper des Jungen wird einmal aus hautfarbenem Tonkarton, die beiden Hutteile werden je einmal aus geprägtem Karton angefertigt. Alle übrigen Motivteile schneiden Sie doppelt aus geprägtem Tonkarton zu.

Zu Beginn kleben Sie beigefarbene Wollfäden als Haare unter die Ränder der beiden Huthälften; die hinteren Wollfäden sollen ca. 1 cm, der Stirnpony ca. 1/2 cm unter dem Hutrand hervorschauen. Anschließend werden die Hutteile passend auf den Kopf geklebt und darauf wird das blaue Hutband fixiert. Dann befestigen Sie beidseitig Schuhe, Hemd und Hose. Nun wird das Jungengesicht gestaltet. Augen, Nase und Mund mit einem schwarzen Filzstift aufmalen. Die Augen wirken lebendiger, wenn Sie weiße Lichtpunkte hinein setzen; Sie können dazu weiße Bastelfarbe oder einen Lackstift verwenden. Mit Creme-Rouge die roten Wangen aufreiben. Nun die Arme an den gestrichelten Linien falzen und nach vorne knicken.

Margerite: Den Stängel der Margerite schneiden Sie doppelt und die einzelnen Blätter einmal aus Tonkarton zu. Die Teile der Margeritenblüte und die Knospe werden je einmal aus geprägtem Karton angefertigt.

Kleben Sie den Stängel zusammen, dabei die einzelne Knospe zwischen die Kelchblätter des abstehenden Stängelendes schieben und fixieren. Die beiden Laschen am Ende des Hauptstängels werden nach außen umgeknickt und mit Klebstoff bestrichen. Dann wird die große Margeritenblüte aufgesetzt und die gelbe Blütenmitte eingeklebt. Die Blütenblätter der Margerite leicht nach oben wölben. Zuletzt ergänzen Sie den Margeritenstängel noch mit den Einzelblättern; die Blätter ebenfalls etwas nach außen biegen.

Jetzt können Sie die Margerite mit einem Tropfen Klebstoff zwischen den Handflächen des kleinen Jungen befestigen.

Ein Blumengruß zu Ostern

(Anleitung Seite 14)

Mädchen mit Glockenblume

(Anleitung Seite 15)

Ein Blumengruß zu Ostern

(Abbildung Seite 12)

Material:
- *Tonkarton, hautfarben (chamois) und dunkelgrün*
- *Tonkarton (geprägt), blau, rot, hellgrün, orange und schwarz*
- *Naturpapier, gelb*
- *Wollrest, beige*
- *Bastelfarbe, weiß*
- *Creme-Rouge*

Junge: Körper und Hände je einmal aus Tonkarton ausschneiden. Bis auf den Mützenschild, der einmal benötigt wird, werden alle übrigen Motivteile jeweils doppelt aus geprägtem Tonkarton angefertigt.

Nacheinander beidseitig die Schuhe, die Hose, den Pullover und das Halstuch am Körper fixieren. Bevor Sie die beiden Arme auf dem Hemd platzieren, kleben Sie zunächst die Hände zwischen die Ärmelenden. Die vordere Hand wird an der gestrichelten Linie gefalzt und nach innen eingeknickt; hier werden später die beiden großen Osterglocken eingeklebt. Auch der Mützenschild wird entlang der gestrichelten Linie gefalzt und zur Hälfte geknickt. Anschließend den Schild unter die Mützenteile kleben. Unter die freien Mützenränder kleben Sie ca. 2-3 cm lange Wollfäden als Haare. Dann kann dem Jungen die Mütze aufgesetzt werden. Die Augen malen Sie mit einem schwarzen Filzstift, darauf setzen Sie mit weißer Farbe einen kleinen Lichtfleck. Zuletzt reiben Sie mit Creme-Rouge die roten Wangen auf.

Osterglocke: Für jede Osterglocke den Stängel doppelt zuschneiden und zusammenkleben, das obere Ende bleibt offen. Die Blüten der Osterglocke sind zweigeteilt: Sie bestehen aus den gelben Außenblättern, die aus Naturpapier angefertigt sind, und einer orangefarbenen Innenblüte, die aus geprägtem Karton geschnitten wird. Kleben Sie die Außenblätter und die Innenblüte in Kegelform zusammen, anschließend geben Sie etwas Klebstoff auf die Spitze des Innenkegels und schieben ihn in den gelben Blätterkranz. Die Blütenblätter etwas nach außen wölben. Danach wird die Blüte in das obere Stängelende eingeklebt. Jetzt noch zwei lose Blätter aus Tonkarton ausschneiden und am unteren Ende der Osterglocke festkleben. Die Blätter ebenfalls leicht rund biegen. Zuletzt werden die beiden Osterglocken in die eingeknickte Hand des Jungen geschoben und mit einem Tropfen Klebstoff fixiert.

Mädchen mit Glockenblume

(Abbildung Seite 13)

Material:
- *Tonkarton, hautfarben (chamois) und dunkelgrün*
- *Tonkarton (geprägt), blau, rosa und weiß*
- *Naturpapier, blau*
- *Bastelfarbe, weiß und schwarz*
- *Wollrest, beige*
- *Creme-Rouge*

Glockenblume: Der Blumenstängel wird doppelt aus Tonkarton zugeschnitten. Mit dem Cutter die ovale Fläche zwischen den Stängeln heraustrennen. Die ausgeschnittenen Innenteile werden später als einzelne Blätter am unteren Stängelende befestigt. Die Blüten der Glockenblume sowie die kleine Knospe fertigen Sie je einmal aus blauem Naturpapier.

Rollen Sie zuerst das Naturpapier in die typische Glockenform, die Seiten werden mit Klebstoff verschlossen. Danach kleben Sie die beiden Stängelhälften zusammen und schieben dabei die Blüten und die Knospe an den entsprechenden Ansätzen zwischen den Stängel. Zuletzt die losen Blätter (herausgeschnittene Innenteile) mit den Fingern rund wölben und unten an der Glockenblume platzieren.

Mädchen: Den Körper einmal und die Arme zweimal aus hautfarbenem Tonkarton ausschneiden. Alle übrigen Motivteile werden jeweils doppelt aus geprägtem Karton benötigt.

Zuerst werden die Arme beidseitig am Körper fixiert, dabei schieben Sie gleichzeitig die Glockenblume zwischen die Handflächen und kleben diese zusammen. Anschließend wird das Kleid vorn und hinten befestigt. Mit einem dünnen Pinsel und weißer Bastelfarbe wird das Karomuster auf die Schürze gemalt und danach die Schürze beidseitig aufgeklebt. Tragen Sie dabei im Bereich der Schleife keinen Kleber auf, denn die beiden Schleifenhälften werden seitlich auseinander gebogen. Als Stirnpony fixieren Sie nun auf beiden Kopfseiten etwa 2 cm lange Wollfäden, die Ansatzpunkte der Fäden verdecken Sie mit dem weißen Kopftuch.

Zuletzt wird das Mädchengesicht fertig gestaltet. Das Auge tupfen Sie mit Hilfe eines Rundholzes auf, darauf setzen Sie die weiße Pupille. Die Wangen werden mit etwas Creme-Rouge betont.

Kinderreigen

Material:
- *Tonkarton, hautfarben (chamois), grün und gelb*
- *Tonkarton (geprägt), blau, rot, orange, braun und schwarz*
- *Satinband, 3 mm breit, blau und rot*
- *Creme-Rouge*

Zwei Mädchen und zwei Jungen haben sich hier zu diesem lustigen Kinderreigen an den Händen gefasst.

Kinder: Der Kinderreigen wird einmal aus chamoisfarbenem Tonkarton ausgeschnitten, alle übrigen Teile werden je doppelt aus geprägtem Karton angefertigt. Zuerst beidseitig die Schuhe und die Haare fixieren. Anschließend erhalten die Mädchen ihr Kleid, die Jungen bekommen Hose und Hemd. Die Zöpfe der Mädchen verzieren Sie mit Schleifen aus rotem bzw. blau-

Motivbreite ca. 43 cm

em Satinband. Mit einem schwarzen Filzstift werden die Gesichter aufgemalt, zusätzlich wird mit Lackstift oder weißer Bastelfarbe ein Reflexpunkt in die Augen gesetzt. Die rosigen Wangen deuten Sie mit etwas Creme-Rouge an.

Blüte: Für jede Blume schneiden Sie die einzelnen Motivteile je einmal aus Tonkarton bzw. geprägtem Karton aus. Die orangefarbene Blütenmitte (Staubgefäß) entlang der Rundung (gepunktete Linie) fast bis zum Mittelpunkt fächerartig einschneiden. Danach werden die „Fächer" nach vorne geknickt und in die gelbe Blüte eingeklebt. Am großen und am kleinen Stängel an den Kelchblättern je eine Blüte fixieren. Die losen Blätter und den kleinen Blütenstängel platzieren Sie nun beliebig am großen Blumenstiel, dabei wird der Klebstoff nur am unteren Ende aufgetragen, so dass sich die Teile etwas nach vorne biegen lassen. Jetzt können die Blumen in den Handflächen der Kinder befestigt werden.

Winterkind

Material:

- *Tonkarton, hautfarben (chamois) und dunkelgrün*
- *Tonkarton (geprägt), dunkelblau, lavendel, schwarz und weiß*
- *Naturpapier, weiß*
- *Wollrest, beige*
- *Creme-Rouge*
- *Rundholz, 6 mm ø, 30 cm lang*
- *2 Holzkugeln mit einseitiger Bohrung, 2 cm (ø der Bohrung 6 mm)*
- *Satinband, 3 mm breit, dunkelblau und weiß, je ca. 90 cm; flieder, ca. 1,60 m*
- *Nylonfaden*

Mädchen: Den Körper und die Hand je einmal aus Tonkarton arbeiten. Augen, Schuhe, Ärmel und Schal werden jeweils doppelt aus geprägtem Tonkarton zugeschnitten. Alle übrigen Teile fertigen Sie einmal aus geprägtem Tonkarton.

Zu Beginn kleben Sie den fliederfarbenen Einsatz unter das Mantelvorderteil. Dann die beiden Mantelteile auf dem Mädchenkörper fixieren. Danach werden mit einem schwarzen Filzstift die Mantelkonturen angedeutet. Anschließend den Schal fransig einschneiden und am Hals befestigen; die einzelnen Fransen werden leicht aufgefächert und nach außen gedrückt. Die Füße mit den Schuhen ergänzen, den Mantel mit drei fliederfarbenen Knöpfen (Lochzange) verzieren.

Nun kann der lose Ärmel mit der eingeschobenen Hand aufgesetzt werden, dabei wird der Klebstoff nur in Schulterhöhe aufgetragen. Dann fixieren Sie die beigefarbenen Wollhaare (Länge etwa 5 cm) unter den Mützenhälften und setzen dem Mädchen die Mütze auf den Kopf. Im Gesicht die Haare mit der Schere kürzen. Jetzt noch die Augen aufkleben und mit einem Filzstift Pupillen, Mund und Nase aufzeichnen. Die Wangen werden mit Creme-Rouge hervorgehoben. Damit später die Schneeglöckchen Halt finden, werden zuletzt die beiden Hände an den gestrichelten Linien gefalzt und umgeknickt.

Schneeglöckchen: Die Stängel jeweils doppelt aus Tonkarton ausschneiden. Knospe und Blüte werden aus Naturpapier gestaltet. Für jede Blüte fertigen Sie die Grundform zweimal an. Das Papier in Kelchform zusammenkleben und anschließend mit einem Tropfen Klebstoff ineinander stecken. Die Stängelhälften zusammenkleben, dabei die einzelne Knospe und die Blüten an den Enden dazwischen schieben und fixieren. Geben Sie dem Winterkind die Schneeglöckchen in die eingeknickten Handflächen.

Das Winterkind wird anschließend mit einem Nylonfaden am Rundholz befestigt. Auf die Enden des Stabes werden die beiden Holzkugeln aufgesteckt. Sehr dekorativ wirkt es, wenn Sie das Mobile mit einigen Schneekristallen (Karton doppelt nehmen) schmücken. Zwei Kristalle am Aufhängefaden fixieren, die übrigen an Nylonfäden zu einer Reihe anordnen und die Kristallketten an den Stabenden befestigen. An die beiden Enden des Rundstabes knoten Sie als Aufhängeband fliederfarbenes Satinband (90 cm). Aus den übrigen Satinbändern bunte Schleifen binden und anknoten.

Motivhöhe
ca. 23 cm
(Mädchen)

Ein herziges Mädchen

Material:

* *Tonkarton, hautfarben (chamois), mittelgrün und schwarz*
* *Tonkarton (geprägt), dunkelgrün, dunkelblau und weiß*
* *Rundholz, 8 mm ø, 25 cm lang*
* *2 Holzkugeln mit einseitiger Bohrung, 2,5 cm (ø der Bohrung 8 mm)*
* *Nylonfaden*
* *Satinband, 3 mm breit, grün, 3,20 m; weiß, 1,20 m*
* *Viskoseband, dunkelblau, 1 cm breit, 2,60 m*

Den Kopf des Mädchens und den Schuh schneiden Sie je einmal, die Hand und den Blumenstängel jeweils doppelt aus Tonkarton zu. Alle übrigen Teile werden je zweimal aus geprägtem Tonkarton angefertigt.

Zu Beginn stanzen Sie mit der Lochzange die Zierlöcher in den unteren Schürzenrand; das Auge wird etwas kleiner ausgestanzt. Anschließend das Kleid beidseitig fixieren, dabei am gewellten Saumrand den Schuh mitfassen. Dann können die Schürze und das Häubchen befestigt werden. Nun die Hände unter die Ärmelenden kleben. Den Ärmel auf der Schürze platzieren, den Blumenstängel zwischen die Handflächen schieben. In die Stängelenden die Aufhängelöcher für die kleinen Herzen einstanzen. Legen Sie zwischen die Herzhälften je ein ca. 14 cm langes grünes Satinband und kleben Sie die Herzen zusammen. Dann binden Sie je ein weißes und blaues Herz mit einer Schleife am Stanzloch fest. Zuletzt verzieren Sie noch die Kopfhaube mit einem blauen Viskoseband: Führen Sie das Band, ausgehend vom Nacken, einmal um die Haube herum, die Bandenden lassen Sie lang herunter hängen und binden sie zu einer Schleife. Nun stecken Sie je eine Holzkugel auf die Rundholzenden und befestigen das Blumenkind anschließend mit einem Nylonfaden am Holzstab. Als Aufhängeband wird blaues Viskoseband angeknotet, die Stabenden werden zusätzlich mit Schleifen aus grünem und weißem Satinband und blauem Viskoseband verziert. Zum Schluss versehen Sie zwei grüne Satinbänder von je etwa 55 cm Länge an den Enden mit blauen und weißen Herzen und knoten die Bänder am Aufhängeband mit je einer Schleife fest.

Blumenkranzträger (Abbildung Seite 22/23)

Material:

* *Tonkarton, hautfarben (chamois) und dunkelgrün*
* *Tonkarton (geprägt), blau, orange, braun, schwarz und weiß*
* *Satinband, 3 mm breit, je Figur: dunkelblau 1,50 m, weiß 2 m*
* *Bastelfarbe, blau, schwarz und weiß*
* *Creme-Rouge*

Mädchen: Bis auf den Körper, der einmal aus Tonkarton gearbeitet wird, werden sämtliche Teile doppelt aus geprägtem Karton geschnitten. Zu Beginn tupfen Sie mit einem Holzstäbchen die weißen Punkte auf das Kleid. Nach dem Trocknen der Farbe das Kleid, die Haare und die Schuhe beidseitig fixieren. Die Zöpfchen werden mit kleinen Schleifen aus weißem Satinband verziert.

Motivhöhe
ca. 26 cm

Nun werden mit Bastelfarbe die Augen aufgemalt, darauf setzen Sie, ebenfalls mit Bastelfarbe, die Pupillen und die weißen Lichtpunkte. Nase und Mund mit einem Filzstift andeuten. Kreisförmig aufgeriebenes Creme-Rouge betont die rosigen Wangen.

Junge: Den Körper einmal aus Tonkarton, die übrigen Motivteile je doppelt aus geprägtem Karton schneiden. Jetzt wird mit blauer Bastelfarbe das Karomuster auf das Hemd gemalt. Anschließend werden beidseitig die Schuhe, die Hose, das Hemd und die Haare fixiert. Das Gesicht gestalten Sie so wie beim Mädchen beschrieben.

Blumenbogen: Bogen und Blätter werden je einmal aus Tonkarton, die übrigen Teile aus geprägtem Karton angefertigt. Schneiden Sie die angedeuteten Staubgefäße der orangefarbenen Blütenmitte an der

Motivhöhe ca. 25 cm

Rundung (gepunktete Linie) fast bis zum Mittelpunkt hin fächerartig ein. Dann knicken Sie die „Fächer“ nach vorne, geben einen Tropfen Klebstoff auf die Unterseite des Teils und setzen es in die Blüte. Anschließend verteilen Sie mehrere Blüten beliebig am Blumenbogen, dabei gleichzeitig die Blätter unterschieben und fixieren. Die einzelnen Blütenblätter wölben Sie leicht nach vorn. Jetzt können Sie dem Mädchen und dem Jungen je einen Kranz in die Hände geben. Dazu werden die Handflächen an den gestrichelten Linien gefalzt und nach vorne umgeknickt; den Blumenbogen stecken Sie mit den Enden in die Knickkante und kleben ihn fest.

Zuletzt dekorieren Sie die Blumenbogen spiegelbildlich noch mit Schleifen aus weißem und blauem Satinband. Die beiden Blumenkranzträger an je einem Satinband aufhängen.

Kunterbunte Blumenkinder

Material:

- *Tonkarton, hautfarben (chamois) und dunkelgrün*
- *Tonkarton (geprägt), rot, blau, grün, gelb, braun und weiß*
- *Rundholz, 6 mm ø, 30 cm lang*
- *2 Holzkugeln mit einseitiger Bohrung, 2 cm (ø der Bohrung 6 mm)*
- *Satinband, 3 mm breit, blau, grün, gelb je 2,40 m; rot 3,60 m*

Zuerst stecken Sie die Holzkugeln auf die Enden des Rundholzes. Dann werden die beiden Kinder angefertigt.

Die Körper der Kinder werden je einmal, die Arme und die Blumenstängel jeweils doppelt aus Tonkarton ausgeschnitten. Die restlichen Motivteile arbeiten Sie jeweils doppelt aus geprägtem Tonkarton.

Beim Mädchen das Kleid, beim Jungen Hose und Hemd beidseitig fixieren. Anschließend kleben Sie die Arme unter die Kleid- bzw. Hemdärmel und platzieren diese auf dem jeweiligen Körper, die Blumenstängel werden dabei gleichzeitig untergeschoben. Das Stängelende ergänzen Sie mit der Blüte und der Blütenmitte. Zum Schluss die Haare befestigen, dabei das rote Aufhängeband (je Kind ca. 60 cm) dazwischen kleben. Die Augen werden mit der Lochzange ausgestanzt.

Nun die Figuren seitlich am Rundholz anknoten, die Aufhängebänder oberhalb des Stabes zusammenführen und die Enden miteinander verknoten. Die Stabenden mit bunten Schleifen ergänzen.

Die einfarbigen Blüten werden doppelt aus geprägtem Karton ausgeschnitten. Zwischen die Hälften legen Sie buntes Satinband und kleben die Blüten dann zusammen. Mehrere Blüten in der Stabmitte anknoten, darauf eine weitere bunte Satinbandschleife setzen.

Die kleine Blumensammlerin

Material:
- *Tonkarton, hautfarben (chamois) und dunkelgrün*
- *Tonkarton (geprägt), grün, braun, lila, gelb, schwarz und weiß*
- *Naturpapier, gelb*
- *Bastelkrepp, gelb*
- *kariertes Schleifenband, grün, 5 mm breit, ca. 1,20 m*
- *Creme-Rouge*
- *Nylonfaden*

Motivhöhe ca. 24 cm (Mädchen)

Den Kopf, die Arme und die Beine je einmal aus Tonkarton zuschneiden. Kleid, Ärmel, Augen und Schuhe werden doppelt, Schürze und beide Haarteile je einmal aus geprägtem Tonkarton angefertigt.
Zunächst kleben Sie am oberen Schürzenrand ein ca. 40 cm langes Karoband auf, die Enden lassen Sie auf beiden Seiten gleich lang überstehen. Nun am Hals auf Vorder- und Rückseite das Kleid befestigen, dabei die Beine und einen Arm an den entsprechenden Stellen zwischen das Kleid legen und fixieren. Den anderen Arm kleben Sie zwischen die beiden losen Schulterteile. Dann wird dieser Arm in Schulterhöhe mit einem Tropfen Klebstoff fixiert. Die Schulterkontur mit einem schwarzen Filzstift aufzeichnen. Anschließend werden die Haare und die Schuhe beidseitig auf dem Körper platziert. Die Augen aufkleben und darauf mit einem schwarzen Filzstift die Pupillen malen. Nase und Mund deuten Sie jeweils mit einem Halbkreis an. Die rosigen Wangen werden mit etwas Creme-Rouge aufgerieben. Nun befestigen Sie die Schürze mit dem oberen Schürzenrand auf dem Kleid, das Karoband wird auf dem Mädchenrücken zu einer Schleife gebunden. Dann biegen Sie die Arme des Mädchens etwas nach vorne und kleben die Schürzenecken in den Handflächen fest. Zuletzt verzieren Sie den Haarzopf noch mit einer grünen Karoschleife.
Die Blüten, die auf die kleine Blumensammlerin herabregnen, fertigen Sie so, wie auf den Seiten 6 (Schlüsselblume), 10 (Veilchen) und 11 (Margerite) angegeben.
Einige Einzelblüten, die mit gekürztem Stiel gearbeitet werden, legen Sie in die geöffnete Schürze der kleinen Blumensammlerin. Aus den restlichen Blüten binden Sie drei kleine Sträuße, die jeweils mit einer karierten Schleife zusammen gehalten werden. Am Rand des Mädchenkopfes einen Nylonfaden durchziehen und die Sträußchen daran festknoten.

Katharina hat Geburtstag!

(Abbildung Seite 29)

Tischkärtchen

Motivhöhe ca. 11 cm

Material:

- *Tonkarton, hautfarben (chamois) und grün*
- *Tonkarton (geprägt), fliederfarben, braun und weiß*
- *Naturpapier, weiß*
- *Creme-Rouge*
- *Karoband, blau, 5 mm breit, 70 cm*

Den Kopf einmal, die Stängel doppelt aus Tonkarton schneiden. Das Stellkärtchen wird einmal, Haare und Augen werden doppelt aus geprägtem Karton benötigt. Die Blütenblätter des Schneeglöckchens werden zweimal aus Naturpapier ausgeschnitten.
Zuerst den Mädchenkopf gestalten. Beidseitig die Haare fixieren. Dann platzieren Sie die Augen und malen mit einem schwarzen Filzstift Pupillen, Nase und Mund auf. Die Wangen werden mit Creme-Rouge hervorgehoben. Die Zöpfe mit den Karoschleifen verzieren. Nun wird das Stellkärtchen in der Mitte gefalzt und zur Hälfte umgeknickt; auf der Vorderseite ritzen Sie mit einem Cutter den Schlitz für den Kopf ein.

Dann stecken Sie den Mädchenkopf mit der Halslasche in den Einschnitt und fixieren ihn mit etwas Klebstoff. Die inneren und äußeren Blütenblätter des Schneeglöckchens in Kelchform zusammenfügen und ineinander kleben (vgl. Seite 18).
Anschließend die Blüte zwischen den Stängelhälften fixieren. Zuletzt stanzen Sie mit einer Lochzange zwei Löcher in das Stellkärtchen, ziehen Karoband hindurch und befestigen das Schneeglöckchen mit einer Schleife.

Herzkarte

Motivhöhe ca. 14 cm

Material:
- *Tonkarton, hautfarben (chamois) und grün*
- *Tonkarton (geprägt), fliederfarben, braun, blau und weiß*
- *Naturpapier, weiß*
- *Schreibpapier*
- *Creme-Rouge*
- *Karoband, blau, 5 mm breit, 30 cm*

Der Kopf wird einmal aus Tonkarton gearbeitet. Aus dem Naturpapier die Blütenblätter doppelt anfertigen. Den Stängel und die Augen schneiden Sie jeweils doppelt, die restlichen Teile je einmal aus geprägtem Karton aus.
Die Herzkarte an der gestrichelten Linie falzen und zu einer Doppelkarte knicken.
Auf der Vorderseite nacheinander Kopf, Hemdansatz, Haare und Augen fixieren. Mit einem Filzstift Pupillen, Nasen- und Mundlinie aufzeichnen. Die Wangen betonen Sie mit etwas Creme-Rouge.
Nun werden die inneren und äußeren Blütenblätter zusammengeklebt und ineinander gesteckt (vgl. Seite 18). Dann fixieren Sie die Blüte zwischen den beiden Stängelhälften. In die Kartenvorderseite zwei Löcher stanzen, Karoband hindurchfädeln und das Schneeglöckchen anknoten. In das Karteninnere legen Sie ein Blatt Schreibpapier, das Sie etwas kleiner zuschneiden als die eigentliche Karte.

Herzschachtel

Motivhöhe ca. 15 cm

Material:
- *Pralinenschachtel (Herzform), lila*
- *Tonkarton, grün*
- *Naturpapier, weiß*
- *Karoband, blau, 5 mm breit, 30 cm*
- *Satinband, blau, 5 mm breit, und weiß, 3 mm breit, je 30 cm*

Eine leere Pralinenschachtel lässt sich mit einem Sträußchen weißer Schneeglöckchen sehr schnell in eine hübsche Geschenkverpackung verwandeln. Die Stängel jeweils doppelt aus Tonkarton ausschneiden (vgl. Seite 18). Knospe und Blüte werden aus weißem Naturpapier gestaltet. Fertigen Sie für jede Blüte die Grundform zweimal an. Das Papier anschließend in Kelchform zusammenkleben und mit einem Tropfen Klebstoff ineinander stecken. Dann werden die Stängelhälften zusammengeklebt, dabei die einzelne Knospe und die beiden Blüten an den Enden dazwischen schieben und fixieren. Die Schneeglöckchen mit einer Schleife aus Karoband sowie blauem und weißem Satinband zusammenbinden.
Zuletzt befestigen Sie den Strauß mit Heißkleber auf der Schachtel.

Katharina

Blumenkinder lassen grüßen

Filigrane Karten

Motivhöhe ca. 21 cm

Material:

- *Tonkarton (geprägt), dunkelblau*
- *Schreibpapier, orange*

Die fertige Karte misst 21 cm x 10,5 cm. Aus dem dunkelblauen Karton ein Rechteck, 21 cm x 21 cm groß, schneiden. Den Karton entlang der Mittellinie falzen und zu einer Faltkarte knicken. Auf die gleiche Art wird aus dem orangefarbenen Schreibpapier das Innenblatt hergestellt, dabei verringern Sie die Maße um einige Millimeter.

Die Motive des Blumenmädchens bzw. des Blumenjungen auf die Vorderseite der Karte übertragen und mit dem Cutter vorsichtig heraustrennen. Öffnen Sie dabei zunächst die kleineren Zwischenräume, die großen Flächen schneiden Sie zuletzt heraus. Die Augen werden mit der Lochzange ausgestanzt. Zuletzt legen Sie das Innenblatt in die Klappkarte.

Karten mit Blumenkind

Motivhöhe ca. 15 cm

Material:

- *Tonkarton (geprägt), hellgrün, dunkelgrün, dunkelblau und orange*
- *Schreibpapier, weiß*

Zuerst ein Rechteck von 21 cm x 15 cm aus hellgrünem Karton schneiden und zu einer 10,5 cm x 15 cm großen Klappkarte falten.

Sämtliche Motivteile einmal aus geprägtem Tonkarton anfertigen. Bei den beiden Blumenkindern Mund, Nase und Halslinie mit dem Cutter einschneiden; die Augen werden, wie auch die Zierlöcher in den Schmetterlingen, mit der Lochzange ausgestanzt. Nun schneiden Sie die orangefarbene Blütenmitte an der Rundung fast bis zum Mittelpunkt hin fächerartig ein. Knicken Sie die „Fächer" nach vorne und kleben Sie die Blütenmitte in die blaue Blüte. Die Blütenblätter mit dem Finger nach innen biegen. Die Schmetterlinge werden an den gestrichelten Linien zur Hälfte gefaltet.

Jetzt können die Einzelteile auf der Karte angeordnet werden. Zuerst den Blumenstängel fixieren, danach den Jungen bzw. das Mädchen; die Hand bedeckt dabei den Blumenstängel. Anschließend die Blüte platzieren. Zuletzt die Schmetterlinge an den Falzkanten mit Klebstoff bestreichen und auf der Karte verteilen.

In die Karte legen Sie als Innenblatt ein Schreibpapier von 20,5 cm x 14,5 cm, das Sie in der Mitte zur Hälfte falten. Die Papierränder werden mit einer Büttenrandschere ungleichmäßig zugeschnitten.

Auf der Frühlingswiese

Material:

- *Tonkarton, himmelblau*
- *Tonkarton (geprägt), gelb und weiß*
- *Karoband, blau, 1,5 cm breit, 30 cm*
- *Satinband, 3 mm breit, dunkelblau 70 cm; gelb 80 cm*

Die Grundform des Motivs aus himmelblauem Tonkarton ausschneiden. Anschließend mit dem Cutter die großen Flächen auftrennen. Das Auge sowie die Löcher für das Aufhängeband und die Dekoschleifen werden mit der Lochzange ausgestanzt. Die Schmetterlinge je einmal, die Margeritenblüte samt Innenpunkt je doppelt aus geprägtem Tonkarton zuschneiden.

Die Schmetterlinge an den gestrichelten Linien zur Hälfte falten und die Zierlöcher einstanzen. Dann tragen Sie auf die Falzkante Klebstoff auf und verteilen die Schmetterlinge auf dem filigranen Grundmotiv. Die Flügel etwas nach oben drücken. Die rechte Rahmenseite, wo die Blumenstiele anstoßen, verzieren Sie zusätzlich mit zwei Margeriten, die beidseitig befestigt werden. Aus den Satinbändern und dem Karoband eine große Zierschleife binden und am unteren Stanzloch festknoten. Die lang herunterhängenden Satinbandenden dekorieren Sie mit aufgeklebten Margeritenblüten.

Zuletzt fädeln Sie als Aufhängeband gelbes Satinband durch das obere Stanzloch.